# PIMENTEZ VOS RELATIONS SEXUELLES AVEC NOS SCÉNARIOS

## 4 SCÉNARIOS

### COQUINS

# SCÉNARIO 1

LE PATRON ET LA SECRÉTAIRE

PRÉVOIR UN CHRONO, UNE TABLE, UNE CHAISE, UN PLAID, UN BANDEAU

MONSIEUR MET SON PLUS BEAU COSTUME, SE PARFUME

MADAME S'HABILLE À CE QUI S'APPARENTE LE PLUS À UNE TENUE DE SECRÉTAIRE

CHOISISSEZ UNE PIÈCE QUI N'EST PAS VOTRE CHAMBRE POUR CE SCÉNARIO

TROUVEZ UNE PIÈCE OÙ SE TROUVE UN BUREAU, UNE TABLE ....

# MADAME S'ASSOIT SUR LA TABLE

## MONSIEUR RESTE DEBOUT, DEVANT ELLE

### MADAME ORDONNE À MONSIEUR DE SE RAPPROCHER D'ELLE

### MONSIEUR SE RAPPROCHE DE MADAME

MONSIEUR ENTAME LA PREMIÈRE INITIATIVE ET EMBRASSE MADAME EN METTANT SA MAIN DROITE SUR LE CÔTÉ DE SA TÊTE

EMBRASSEZ-VOUS LANGOUREUSEMENT PENDANT 2 MIN

MADAME RESTE DANS LA MÊME POSITION ET S'AGRIPPE À MONSIEUR AVEC SES JAMBES

MONSIEUR PARCOURS LE DOS DE MADAME AVEC SES MAINS D'UNE MANIÈRE DES PLUS SENSUELS

# MADAME PREND MONSIEUR ET LE PLAQUE CONTRE UN MUR DE LA PIÈCE

## MADAME FROTTE LA VERGE DE MONSIEUR DESSUS LE PANTALON PENDANT 2 MIN

## MONSIEUR À SON TOUR, PLAQUE MADAME SUR LE VENTRE CONTRE LE MUR

## MONSIEUR SE FROTTE CONTRE LE POSTÉRIEUR DE MADAME PENDANT 2 MIN

MADAME PREND DE QUOI ATTACHE LES MAINS DE MONSIEUR



MADAME ENLÈVE LE HAUT DE MONSIEUR ET LUI ATTACHE LES MAINS

MADAME CARESSE ET LECHE LE TORSE DE MONSIEUR PENDANT 3 MIN



MONSIEUR S'ASSIED SUR UNE CHAISE

# MADAME GRIMPE SUR MONSIEUR EN POSITION DU CHEVAL

# MADAME SE FROTTE ET CHAUFFE MONSIEUR PENDANT 2 MIN

# MADAME DÉTACHE MONSIEUR

# MONSIEUR DÉSHABILLE MADAME JUSQU'AU SOUS-VÊTEMENT

MONSIEUR EMBRASSE VIGOUREUSEMENT LA POITRINE DE MADAME PENDANT 2 MIN



MADAME ENLÈVE ENTIÈREMENT LES AFFAIRE DE MONSIEUR

MASTURBEZ-VOUS MUTUELLEMENT PENDANT 2 MIN

PRENEZ UN PLAID OU UNE PETITE COUVERTURE POUR LA POSER AU SOL

# MADAME S'ALLONGE SUR LE DOS

MONSIEUR OU MADAME (AU CHOIX) FAIT UNE FELLATION/CUNNILINGUS PENDANT 3 MIN

MONSIEUR STIMULE LE CLITORIS DE MADAME PENDANT 3 MIN

LEVEZ - VOUS

# MADAME S'ASSOIT SUR LA TABLE, MONSIEUR LA PÉNÈTRE PENDANT 2 MIN

# MONSIEUR EMBRASSE LA POITRINE DE MADAME AVEÇ UNE GRANDE SENSUALITÉ PENDANT 2 MIN

# ALLEZ PRENDRE PLACE SUR LA CHAISE

# MADAME MET UN GENOU SUR LA CHAISE ET SE FAIT PÉNÉTRER PAR MONSIEUR PENDANT 2 MIN

# MONSIEUR RÉCUPÈRE DE QUOI BANDER LES YEUX DE MADAME

# MADAME S'ALLONGE SUR LE SOL

MADAME ENLÈVE LE BANDEAU QU'ELLE A SUR LES YEUX



MONSIEUR S'ALLONGE SUR LE SOL

MADAME PREND LES DEVANTS ET MONTE SUR MONSIEUR, L'ACTE DURE 1 MIN

MADAME GLISSE À L'OREILLE DE MONSIEUR LES MOTS LES PLUS SEXY ET ROMANTIQUE

# PLACE À LA LEVRETTE PENDANT 1 MIN

# ALLONGEZ-VOUS CÔTE À CÔTE ET CARESSEZ-VOUS PENDANT 3 MIN SANS VOUS TOUCHER LA POITRINE OU PARTIES GÉNITALES

# REGARDEZ-VOUS DANS LES YEUX ET DITES-VOUS "JE T'AIME MON AMOUR"

# SI VOUS N'AVEZ PAS FINI AVANT ...

## ... LA SUITE C'EST VOUS QUI,LA CRÉER MAINTENANT AVEC UN HAPPY END

# SCÉNARIO 2

# ASSUREZ-VOUS D'ÊTRE SEUL DANS VOTRE LOGEMENT

MADAME COMPTE JUSQU'À 30 PENDANTS QUE MONSIEUR SE CACHE DANS N'IMPORTE QUEL ENDROIT DE LA MAISON

UNE FOIS QUE MONSIEUR EST TROUVÉ EMBRASSEZ-LE LANGOUREUSEMEN T PENDANT 2 MIN

MONSIEUR COMPTE À SON TOUR JUSQU'À 30 PENDANTS QUE MADAME SE CACHE

CHACUN SE MET DANS UNE PIÈCE DIFFÉRENTE (SAUF LA CUISINE) ET ENLÈVE SON HAUT EN LE METTANT À L'ÉVIDENCE SUR LE SOL.

UNE FOIS TERMINÉ RENDEZ-VOUS DANS LA CUISINE

MAINTENANT, ALLER RECHERCHER LE PLUS VITE POSSIBLE LE HAUT DE VOTRE PARTENAIRE

LE PREMIER QUI A TROUVE LE HAUT DE SON PARTENAIRE EXIGE UN GAGE DE SA PART PARMI LES CHOIX SUIVANTS (SE FAIRE STIMULER LE SEXE DESSUS LES VÊTEMENTS, SE FAIRE LÉCHER LA POITRINE, SE FAIRE FAIRE UN MASSAGE

MADAME RECOMPTE JUSQU'À 30 PENDANTS QUE MONSIEUR SE CACHE
UNE FOIS MONSIEUR TROUVE MADAME LUI ENLÈVE CHAUSSETTES ET PANTALON
MONSIEUR COMPTE JUSQU'À 20 PENDANTS QUE MADAME SE CACHE
UNE FOIS MADAME TROUVÉE, MONSIEUR LUI ENLÈVE TOUT SON BAS (SAUF SOUS VÊTEMENT)

# RETOURNEZ TOUS LES DEUX DANS LA CUISINE

MAINTENANT FAITES LA COURSE EN COMPTANT JUSQU'À 3 POUR ARRIVER EN PREMIER DANS VOTRE CHAMBRE

CELUI QUI A GAGNÉ EXIGE UN GAGE PARMI LES CHOIX SUIVANTS ( SON FAIT LÉCHÉ LE CORPS PENDANT 1 MIN, SE FAIRE TOUCHER LE SEXE PENDANT 2 MIN, SE FAIRE FOUETTER LES FESSES PENDANT 10 COUPS)

MADAME RESTE DANS LA CHAMBRE ET COMPTE JUSQU'À 20 PENDANTS QUE MONSIEUR RECHERCHE SA MEILLEURE CACHETTE

UNE FOIS MONSIEUR TROUVÉ, MADAME LUI ENLÈVE LES SOUS-VÊTEMENTS

MONSIEUR À FROID ....

MADAME MASTURBE OU FAIT UNE FELLATION À MONSIEUR PENDANT 2 MIN

MONSIEUR COMPTE JUSQU'À 20 PENDANT QUE MADAME SE CACHE COMME UNE PETITE SOURIS

UNE FOIS MADAME TROUVÉE, MONSIEUR EMBRASSE SENSUELLEMENT SA POITRINE PENDANT UNE DURÉE DE 2 MIN



CHACUN VA CACHER DANS UNE PIÈCE DIFFÉRENTE SES SOUS-VÊTEMENTS DANS UN LIEU BIEN PRÉCIS



REJOIGNEZ-VOUS DANS LA CUISINE



MAINTENANT PLACE AUX JEUX "CHAUD, FROID", MADAME COMMENCE À CHERCHER LES DESSOUS DE MONSIEUR PENDANT QU'IL LA DIRIGE EN DISANT "FROID, CHAUD, BOUILLAND"

MAINTENANT MONSIEUR PART CHERCHER LES SOUS-VÊTEMENTS DE MADAME

REJOIGNEZ-VOUS DANS LA SALLE À MANGER

METTEZ-VOUS DEBOUT, PRENEZ CETTE POSITION ET PASSEZ À L'ACTION PENDANT 2 MIN

MADAME PART TOUT DE SUITE SE CACHER PENDANT QUE MONSIEUR COMPTE JUSQU'À 20

UNE FOIS MADAME TROUVÉE, MONSIEUR LA CARESSE SUR TOUT LE CORPS AVEC SENSUALITÉ SANS TOUCHER LA POITRINE, FESSES ET PARTIE INTIME PENDANT 3 MIN

MAINTENANT C'EST MONSIEUR QUI PART SE CACHER,

VITE, VITE MADAME COMPTE JUSQU'À 10

**MONSIEUR TROUVÉ, MADAME RÉCUPÈRE UN PLAID ET MONTE SUR MONSIEUR EN IMPOSANT SON RYTHME PENDANT 2 MIN**

**MONSIEUR PART AVEC SON SMARTPHONE DANS LA CHAMBRE PENDANT QUE MADAME FAIT LA MÊME CHOSE DANS LA SALLE À MANGER**

**CHACUN PREND UN SELFIE DE SES PARTIES INTIMES ET L'ENVOIE À SON PARTENAIRE**

**REJOIGNEZ-VOUS DANS LA CUISINE**

**SOIS VOUS SUPPRIMER LES PHOTOS OU VOUS LES GARDER EN SOUVENIR**

MONSIEUR PRÉPARE UNE CHAISE POUR QUE MADAME PRENNE PLACE, PRENEZ CETTE POSITION PENDANT 2 MIN

REJOIGNEZ-VOUS DANS LA CHAMBRE ET FAITES PIERRE FEUILLE CISEAU, CELUI QUI ARRIVE À UN POINT MET UNE FESSÉE À SON PARTENAIRE EN POSITION LEVRETTE

MADAME SE MET EN POSITION DE LEVRETTE SUR LE LIT, PASSEZ À L'ACTION PENDANT 2 MIN (LE PLUS VITE POSSIBLE SANS RENTRER TOUT LE PÉNIS)

DE LA CHAMBRE COMPTEZ JUSQU'À 3 ET COUREZ JUSQU'À LA SALLE À MANGER

MONSIEUR VA EMBRASSER LA POITRINE DE MADAME, UNE MAIN SUR LES SEINS ET UNE MAIN QUI STIMULE LE CLITORIS PENDANT 2 MIN

RESTEZ DEBOUT ET ADAPTEZ CETTE POSITION SI MONSIEUR EST SPORTIF SINON METTEZ-VOUS EN POSITION DU MISSIONNAIRE PENDANT 3 MIN

COUREZ VITE À LA CUISINE ET DÉPLACEZ TOUT CE QU'IL Y A SUR LA TABLE POUR VOUS METTRE DANS CETTE POSITION EN ALLANT TRÈS TRÈS LENTEMENT PENDANT 3 MIN

SI VOUS N'AVEZ PAS FINI AVANT ...

... LA SUITE C'EST VOUS QUI LA CRÉER MAINTENANT AVEC UN HAPPY END

# SCÉNARIO 3

HABILLEZ-VOUS-EN TENUES DE SPORT (UN LEGGIN POUR MADAME DE PRÉFÉRENCE)

ALLEZ DANS LA SALLE À MANGER ET FAITES DE LA PLACE AUTOUR DE VOUS

ALLONGEZ-VOUS SUR LE SOL ET FAITES 10 ABDOS EN POSITION "CRUNCH"

MONSIEUR, APPREND À MADAME À FAIRE DES SQUATS

MADAME EFFECTUE 10 SQUATS PENDANT QUE MONSIEUR SE COLLE A ELLE PAR-DERRIÈRE EN ACCOMPAGNANT LE MOUVEMENT

MADAME SE REPOSE ET S'ASSOIT SUR LE SOL

MONSIEUR S'ASSOIR DERRIÈRE ELLE ET LUI EMBRASSE LE COU PENDANT 2 MIN

MONSIEUR SE MET EN POSITION POUR EFFECTUER 10 "CRUNCHS", MADAME S'ASSOIT SUR LUI, FACE A LUI ET A CHAQUE REMONTEE MONSIEUR DONNE UN BAISER A MADAME

# FAITES TOUS LES DEUX 10 "JUMPINGS JACK"

# IL FAIT CHAUD, ENLEVEZ MUTUELLEMENT TOUS VOS VÊTEMENTS

MONSIEUR SE POSITIONNE DERRIÈRE MADAME, DEBOUT ET ET LUI CARESSE LA POITRINE AVEC ENVIE PENDANT 2 MIN

MADAME SE MET EN POSITION "POMPE", MONSIEUR ACCOMPAGNE LA SÉRIE DE 10 POMPES EN SE FROTTANT CONTRE LES FESSES DE MADAME

MADAME S'ALLONGE SUR LE SOL ET SE POSITIONNE SUR LE CÔTÉ POUR TRAVAILLER LES "OBLIQUES" AVEC RELEVÉ D'UNE JAMBE

MONSIEUR SE POSITIONNE DERRIÈRE ET ACCOMPAGNE LE MOUVEMENT 10 FOIS

METTEZ-VOUS EN POSITION DU "69" ET PRATIQUEZ PENDANT 5 MIN

MONSIEUR LE COACH N'A PAS FINI DE VOUS SURPRENDRE ET SOUHAITE VOUS FAIRE TRAVAILLER LES "OBLIQUES". PRATIQUEZ CETTE POSITION PENDANT 3 MIN

# PRATIQUEZ CETTE POSITION PENDANT 2 MIN LE PLUS LENTEMENT POSSIBLE

# MONSIEUR S'ALLONGE DOT AU SOL, MADAME MASSE LES CUISSES DE MONSIEUR AVEC DE L'HUILE PENDANT 2 MIN

## MONSIEUR RESTE ALLONGER SUR LE SOL ET MADAME MONTE SUR LUI EN SE METTANT SUR LE CÔTE, PRATIQUEZ PENDANT 2 MIN

## SI VOUS N'AVEZ PAS FINI AVANT ...

## ... LA SUITE C'EST VOUS QUI ,LA CRÉER MAINTENANT AVEC UN HAPPY END

# SCÉNARIO 4

PRÉVOIR UN CHRONO, UNE TABLE, UNE CHAISE, UN CAHIER, UN STYLO

MADAME S'HABILLE D'UNE MANIÈRE "JEUNE ET SEXY" SI POSSIBLE EN JUPE ET COLLANT

MADAME SE MUNIT D'UN CAHIER VIERGE ET D'UN STYLO

RENDEZ-VOUS DANS LA SALLE À MANGER, MADAME S'ASSOIT SUR UNE CHAISE BIEN PLACÉE DANS UNE PARTIE DE LA PIÈCE

MONSIEUR, DEMANDE À MADAME DE LISTER TOUS LES CÔTÉS POSITIFS DE MONSIEUR

MONSIEUR VÉRIFIE AVEC ATTENTION SUR LES REPONSES DE MADAME, PENDANT QU'ELLE LE REGARDE AVEC INSISTANCE ET ENVIE

MADAME À UN GAGE "DE LA PART DE SES CAMARAQES IMAGINAIRE", ELLE SE LEVE ET VA EMBRASSER MONSIEUR PENDANT 2 MIN

MONSIEUR RETORQUE ET LUI CARESSE LES FESSES

MAQAME RETOURNE À SA PLACE ET ÉCRIT DANS SON CAHIER TOUT CE QUI L'A FAIT CRAQUER CHEZ MONSIEUR

+

MADAME ÉCRIT UN GAGE POUR MONSIEUR QU'IL DOIT ABSOLUMENT FAIRE

MONSIEUR VERIFIE LES REPONSES ET EFFECTUE LE GAGE DEMANDÉ PAR MADAME

MADAME JOUE AVEC SON STYLO, ET LE FAIT TOMBÉ PAR TERRE

CELA NE PLAIT PAS À MONSIEUR, MADAME DOIT ÊTRE PUNIE

MONSIEUR MET DONC MADAME "AU COIN", SE RAPPROCHE D'ELLE, LUI MONTE SA JUPE ET SE FROTTE À ELLE PENDANT 3 MIN

MADAME RETOURNE S'ASSEOIR SUR SA CHAISE

MADAME ÉCRIT LE FANTASME HOT QU'ELLE AIMERAIT FAIRE AVEC MONSIEUR DANS SON CAHIER

MONSIEUR DÉCHIRE LA FEUILLE ET LA MET DE COTÉ, SUR SON "BUREAU"

MADAME DEMANDE SOUDAINEMENT D'ALLER AUX TOILETTES, PENDANT CE TEMPS ELLE ENLEVE SON COLLANT, SA CULOTTE ET REMET SA JUPE

MADAME RETOURNE S'ASSOIR SUR SA CHAISE
MONSIEUR, LUI SE REND COMPTE QU'IL A UNE TÂCHE SUR SON PANTALON
MONSIEUR ENLEVE SON PANTALON, SES CHAUSSETTES ET RESTE EN CALEÇON
MADAME À ENCORE FAIT TOMBÉ SON STYLO PAR TERRE, ELLE SE PENCHE DONC POUR LE RAMASSER MAIS D'UNE MANIÈRE DES PLUS PROVOCANTES ET FAIT LA PAUSE

MONSIEUR EN PROFITE POUR SE METTRE DERRIÈRE ELLE, LUI SOULÈVE SA JUPE ET SE FROTTE À ELLE PENDANT 2 MIN AVEC UNE EXTRÊME ENVIE



MADAME ENLÈVE SON HAUT ET LE RESTE DES VÊTEMENTS DE MONSIEUR

MONSIEUR AIDE MADAME À S'ASSOIR SUR "LE BUREAU" (LA TABLE) ET LUI PROPOSE 3 CHOSES AU CHOIX : 2 MIN DE CUNNILINGUS, 2 MIN DE DOITAGE, 2 MIN DE STIMULATION DU CLITORIS

MONSIEUR COMMENCE L'ACTE DANS CETTE POSITION PENDANT 3 MIN

MADAME ENLÈVE SA JUPE, LA JETTE SUR MONSIEUR ET RETOURNE S'ASSOIR SUR SA CHAISE

MADAME ÉCRIT SUR SON CAHIER LA POSITION FAVORITE QU'ELLE PRÉFÈRE AVEC MONSIEUR

MONSIEUR RÉCUPÈRE LA FEUILLE DE MADAME ET LA MET DE COTÉ

MADAME PART FAIRE UN THÉ OU UN CAFÉ A MONSIEUR

MONSIEUR DÉGUSTE SA BOISSON DE SON "BUREAU", IL PREND LA FEUILLE DE MADAME AVEC SON FANTASME HOT ECRIT DESSUS TOUT EN LA REGARDANT AVEC ENVIE

MONSIEUR EFFECTUE LE FANTASME DE MADAME PENDANT 3 MIN

MADAME A UNE PETITE FAIM, MONSIEUR PART CHERCHER UN GÂTEAU OU UNE BARRE CHOCOLATÉE ET LUI DONNE CE QU'ELLE SOUHAITE

MONSIEUR RETOURNE À SON "BUREAU" ET RÉCUPÈRE LA FEUILLE DE MADAME INDIQUANT SA POSITION PRÉFÉRÉE

PRATIQUEZ CE QUE MADAME SOUHAITE PENDANT 2 MIN

MADAME SE MET DANS UNE POSITION ADÉQUATE POUR QUE MONSIEUR LUI FASSE "UNE BRANLETTE ESPAGNOL" PENDANT 2 MIN

EXÉCUTEZ-VOUS À CETTE POSITION DIT "LA LEVRETTE" PENDANT 1 MIN LE PLUS LENTEMENT POSSIBLE

SI VOUS N'AVEZ PAS FINI AVANT ...

... LA SUITE C'EST VOUS QUI LA CRÉER MAINTENANT AVEC UN HAPPY END

VOUS SOUHAITEZ DES PETITS CADEAUX ?
DES CRITIQUES À NOUS FAIRE ?
ENVOYEZ NOUS UN EMAIL :
carnetsmignonedition@gmail.com

Les Carnets Mignon

carnetsmignon_edition

# MERCI D'AVOIR ACHETÉ NOTRE LIVRE !

**Si vous aimez ce livre, nous apprécierons votre avis sur Amazon.**

**Pour ce faire, rendez-vous sur la page Amazon de ce livre et cliquez sur "Ecrire mon avis"**

# MERCI BEAUCOUP !

www.ingramcontent.com/pod-product-compliance
Lightning Source LLC
Chambersburg PA
CBHW050621160726

48003CB00003B/1277